FACULTÉ DE DROIT DE TOULOUSE.

Acte Public

POUR LA LICENCE.

MARIE ESCUDIER,

IMPRIMEUR-LIBRAIRE, RUE SAINT-ROME, 26.

1835.

Aux mânes de mon Père,

Regrets éternels!

A MA MÈRE,

Amour, Respect et Reconnaissance.

ACTE PUBLIC

POUR LA LICENCE,

En exécution de l'art. 4, tit. 2, de la loi du 22 ventôse, an 12.

SOUTENU PAR

M. Aleugvy (**Pierre-Thomas-Denis**),

Né à Lodève (Hérault).

JUS ROMANUM.

Inst. Lib. ii, Tit. XVII. — *Quibus modis testamenta infirmantur.*

Cum in testamento solemnitates externæ deficiunt dicitur testamentum *injustum* vel contra jus factum ; sed si illæ solemnitates observatæ sunt firmum est, nisi posteà rumpatur aut irritum fiat. Testamentum fit irritum cùm testator jus testandi amittit et ruptum dicitur si in eodem statu manente testatore, infirmatur aliâ causâ.

Rumpitur testamentum : 1° agnatione sui hæredis in testamento prætereiti. Agnatio dicitur *naturalis* cùm evenit nativitate hæredis sui post testamenti factionem : *civilis* appellatur vel *quasi - agnatio* si nepos succedit in locum filii defuncti vivo patre suo , si testator arrogat aut descendentem adoptat vel filium naturalem legitimat.

Si filius aut nepos in testamento exhæredati sunt, testamentum non rumpitur eorum agnatione nisi injusta sit exhæredatio et tunc illis conceditur querela inofficiosi testamenti.

2° Posteriori testamento ritè perfecto. Cum voluntas hominis est ambulatoria , testamentum revocari potest arbitrio testatoris. Sed illa voluntatis mutatio non debet esse ambigua , quia non facilè præsumitur testator intestatus decessisse. Itaque , Justinianus voluit posterius testamentum esse ritè perfectum. Parvi tamen refert an hæres exstiterit an non; hoc enim solum spectatur an aliquo casu existere potuerit. Rumpitur testamentum etiamsi in posteriori testamento hæres institutus sit tantùm pro parte bonorum , totam hæreditatem suscipiet. Si in posteriori testamento testator declarat se velle priùs testamentum observari, revocabitur nihilominùs quia nullus decedere potest cum duobus testamentis, sed valebit tanquàm fideicommissum et hæres institutus in secundo retinebit quartam partem bonorum ex lege falcidià.

Testamemtum fit irritum per quamlibet capitis diminutionem testatoris. Si pristinum statum recuperat, jure civitatis testamentum non valebit, sed jure prætorio valebit quia non exigitur jus testandi tempore intermedio. Tunc prætor dat hæredi instituto possessionem secundùm tabulas.

CODE CIVIL.

Livre 3, Titre 18. — *Des priviléges et Hypothèques.*

CHAPITRE IV. — *De l'inscription des priviléges et Hypothèques.*

Suivant l'art. 2 de la loi du 21 ventôse an 7 , il y a un bureau de conservation des hypothèques dans chaque arrondissement et c'est à ce bureau que doivent se faire toutes les inscriptions hypothécaires. Le créancier peut toujours prendre son inscription ; cependant il y a deux cas où il ne peut plus remplir cette formalité. Cela arrive d'abord dans le cas de faillite du débiteur. De l'art. 2146 du C. civ. et 443 du C. de commerce, il résulte que cette inscription ne peut pas être prise même dans les dix jours qui précèdent l'ouverture de la faillite. Si la succession est acceptée sous bénéfice d'inventaire, toutes les inscriptions prises depuis l'ouverture de la succession sont sans effet à l'égard des créanciers chirographaires. L'art. 2146 ne parlant que de l'inscription, et les prohibitions ne pouvant pas être étendues par analogie, il s'ensuit que dans ces deux circonstances le renouvellement d'une inscription prise antérieurement n'est pas prohibé. L'ordre entre les créanciers inscrits se règle par la date de l'inscription. L'art. 2148 règle les formalités à suivre dans les bordereaux d'inscription ; immédiatement après la publication du Code civil, les tribunaux étaient fort sévères sur l'inobservation de ces formalités, ils annulaient les inscriptions pour la moindre omission, mais depuis quelque temps cette jurisprudence a été abandonnée, et l'on distingue entre les formalités substantielles et celles qui ne sont qu'accidentelles. L'art. 2153 règle les formalités à suivre pour l'inscription des hypothèques légales.

L'art. 2151 détermine les années d'intérêt que peut réclamer le créancier hypothécaire ; cet article ne s'applique pas aux créanciers ayant hypothèque légale.

L'art. 2154 indique à quelle époque il faut renouveler les inscriptions, il suffit d'observer sur cette disposition que le renouvellement n'est pas soumis à toutes les formalités de l'art. 2148, si l'on a le soin de rappeler la première inscription dans le bordereau de renouvellement.

Il peut s'élever des contestations sur les inscriptions hypothécaires : elles doivent être jugées par le tribunal compétent, et ce tribunal est déterminé suivant que l'action est purement réelle ou qu'elle est l'accessoire d'une autre contestation. Par exemple , si on attaque le titre comme entaché de dol et de fraude , dans ce cas l'action en radiation devra être intentée devant le tribunal du domicile du défendeur , tandis que dans le premier cas c'est devant le tribunal de la situation des biens.

CHAPITRE V. — *De la Radiation.*

La radiation est conventionnelle ou judiciaire. Dans le premier cas , il faut que la convention soit constatée par un acte public , et dans le second cas , il faut qu'il y ait un jugement passé en force de chose jugée. L'art. 2159 indique quel est le tribunal qui doit connaître de cette demande , et l'art. 2160 les divers cas dans lesquels cette radiation doit être prononcée.

Le débiteur peut aussi demander la réduction de l'inscription. Les art. 2140 et suivans , règlent les formes à suivre pour la restriction de l'hypothèque légale. Les art. 2161 et suivans, s'occupent de la réduction de l'hypothèque judiciaire. Quant à l'hypothèque conventionnelle , le débiteur est lié par la convention , et il ne peut jamais la faire réduire.

CHAPITRE VI. — *De l'Effet des priviléges et hypothèques à l'égard des tiers-détenteurs.*

Dès l'instant que le privilége ou l'hypothèque existe légalement, le droit du créancier sur l'immeuble est assuré; il ne peut pas en effet être laissé au caprice du débiteur de l'anéantir, puisque les contrats ne peuvent être modifiés que du consentement de toutes les parties qui ont concouru à sa formation. Aussi la vente de l'immeuble hypothéqué, que ce débiteur consentirait à un tiers , ne peut pas nuire aux droits du créancier; la loi lui accorde dans ce cas le droit de suite sur cet immeuble contre le nouveau propriétaire, auquel il n'a pu être transmis qu'affecté des mêmes charges. On ne cause par là aucun préjudice au tiers-détenteur, puisqu'il a pu se mettre à l'abri de toute recherche, soit en consultant les registres hypothécaires, soit en mettant, par la transcription de son contrat, les créanciers non inscrits en demeure de le faire dans le délai de la loi, et en remplissant les autres formalités de la purge. S'il n'a pas pris toutes ces précautions, c'est une faute qui ne doit retomber que sur lui seul.

Par qui le droit de suite peut-il être exercé? — L'art. 2166 accorde seulement ce droit aux créanciers inscrits au moment de l'aliénation; mais cette disposition a été modifiée par l'article 834 du Code de procédure, et le droit de suite est aujourd'hui exercé par les créanciers qui ayant une hypothèque lors de l'aliénation, l'ont faite inscrire dans la quinzaine de la transcription. Malgré les expressions dont se sert le législateur dans l'article 2166, il faut décider que les créanciers qui ont une hypothèque légale dispensée d'inscription, peuvent exercer le droit de suite; autrement la loi ne leur fait aucune faveur en les dispensant de l'inscription.

Contre qui s'exerce le droit de suite? — On appelle tiers-détenteur celui qui, sans être obligé personnellement, se trouve propriétaire de l'immeuble affecté à la créance. C'est contre celui-là seul que s'exerce le droit de suite, tel qu'il est réglé par le législateur; car si ce détenteur était obligé personnellement, comme par exemple un héritier, etc., on intenterait une poursuite contre lui, non plus à titre de détenteur, mais à titre de débiteur, et il ne pourrait pas réclamer les droits qui ne sont accordés qu'à celui qui n'est pas personnellement obligé. Ainsi, il ne pourrait pas user de la faculté de purger, de délaisser l'immeuble, et il serait obligé de subir la procédure d'expropriation.

Quels sont les biens soumis au droit de suite? — La facilité avec laquelle les meubles se transmettent sans laisser de trace des précédens propriétaires, a fait admettre le principe qu'en fait de meubles la possession vaut titre; d'où l'on a tiré la conséqence qu'ils ne peuvaient avoir aucune suite par hypothèque. Le législateur a cependant accordé quelquefois le droit de revendication sur les meubles, par suite de la faveur que méritait le créancier. C'est donc, on peut le dire, uniquement sur les immeubles que s'exerce le droit de suite, et encore tout ce qui est immeuble n'y est-il pas soumis. Comme les immeubles par destination ne conservent cette qualité que tout autant que le propriétaire ne change pas leur destination primitive, le droit de suite ne peut pas les frapper puisque par ce transport de propriété ils sont redevenus meubles. Le droit de suite n'ayant d'autre but que d'amener à l'expropriation du tiers-détenteur, il s'ensuit que les droits d'usage, d'habitation, de servitude, et généralement tous les droits qui ne sont pas susceptibles d'expropriation ne sont pas soumis au droit de suite; la seule ressource qu'aient les créanciers, c'est d'intenter l'action révocataire autorisée par l'art. 1167.

Comment s'exerce le droit de suite? — Si le tiers-détenteur ne remplit pas les obligations que la loi lui impose, les créanciers peuvent poursuivre son expropriation. Mais avant de se livrer à cette voie rigoureuse d'exécution, ils doivent faire un commandement au débiteur originaire et une sommation au tiers-détenteur. Cette sommation tient lieu du commandement exigé par l'article 673 du Code de procédure. Peu importe d'ailleurs que le commandement précède ou suive la sommation, le législateur n'ayant rien précisé à cet effet; cependant il est convenable de faire précéder le commandement et de le mentionner dans la sommation, afin que le détenteur puisse connaître que l'on a mis son vendeur en demeure de remplir ses obligations. Trente jours après cette sommation on peut faire saisir l'immeuble. Pour concilier cette disposition de l'art. 2169 avec l'art. 2183, qui accorde un mois au tiers-détenteur pour purger, il faut décider que le mois dont parle cet article devra être toujours de trente jours, quoiqu'en général le mois soit fixé au nombre de jours déterminé par le calendrier Grégorien. La sommation dont parle l'art. 2183, pour purger, n'est pas différente de celle de l'art. 2169, il n'est donc pas nécessaire d'en faire deux; en effet, le tiers-détenteur étant libre de purger ou de ne pas purger, il est inutile de le sommer, de faire ce qui n'est qu'une faculté pour lui.

A cette poursuite d'expropriation, le tiers-détenteur peut opposer le bénéfice de discussion, en se conformant aux dispositions des articles 2170, 2022, 2023. Mais cette exception ne peut pas être opposée au créancier privilégié ou ayant hypothèque spéciale sur l'immeuble, parce que si on forçait ces créanciers à discuter d'autres immeubles, ils pourraient être obligés de recevoir un paiement partiel et quelquefois même on les obligerait à faire une poursuite pour d'autres créanciers, sans aucune utilité pour eux-mêmes, puisque n'ayant aucune cause de préférence sur ces immeubles, ils ne pourraient être colloqués qu'après tous les créanciers hypothécaires. Cette exception de discussion est la seule dont puisse se prévaloir le tiers-détenteur; il ne pourrait pas opposer qu'il a payé d'autres créanciers hypothécaires antérieurs à celui qui le poursuit; tout ce qu'il aurait le droit de faire dans ce cas, serait d'exercer dans l'ordre les droits de ceux qu'il a payés.

Obligations du tiers-détenteur. — S'il ne veut pas user de la faculté que lui accorde la loi, de purger les hypothèques, il peut faire le délaissement de l'immeuble. Mais pour user de cette faculté, il faut qu'il jouisse de la plénitude de ses droits; ainsi le mineur, la femme mariée et autres incapables, ne peuvent délaisser qu'en remplissant les formalités voulues par la loi pour l'aliénation de leurs biens. L'art. 2174 indique de quelle manière s'opère ce délaissement, et quels en sont les effets. Par le délaissement, le détenteur ne perd que la possession de l'immeuble, puisqu'il peut le reprendre jusqu'à l'adjudication; d'où suit que si l'immeuble vient à périr pendant la poursuite, ce cas fortuit est à la charge du délaissant par application du principe *res perit domino*, et il ne pourra, à raison de cette perte, intenter aucune action en garantie contre son vendeur.

Relativement aux améliorations ou dégradations que le tiers-détenteur peut avoir faites pendant sa jouissance, les parties doivent s'en faire respectivement compte, conformément à l'article 2175,

(8)

L'article 2176 indique depuis quel jour le tiers-détenteur doit la restitution des fruits.

Lorsque le tiers-détenteur a été évincé, il peut exercer sur l'immeuble les droits qu'il pouvait avoir avant sa possession. Ainsi, s'il était créancier hypothécaire, il aura le droit d'exercer son hypothèque, pourvu cependant que l'inscription n'ait pas périmé pendant sa possession, auquel cas son hypothèque ne daterait que du jour du renouvellement. Si pendant sa jouissance il a constitué lui-même des hypothèques, ses créanciers doivent être colloqués sur le prix de la vente, mais seulement après les créanciers inscrits des précédens propriétaires. Si après que les créanciers hypothécaires des propriétaires antérieurs ont été payés, il y a un excédant à distribuer, cet excédant doit être accordé au tiers-détenteur évincé, qui a un recours en garantie contre son vendeur, de préférence aux créanciers chirographaires de ce vendeur, puisque la vente ou le délaissement n'a eu lieu que par l'exercice du droit de suite qui n'est pas accordé aux créanciers chirographaires; ils en jouiraient d'une manière indirecte si on leur permettait de prendre part à la distribution du produit de la vente.

Si le détenteur ne délaisse pas et qu'il veuille éviter le désagrément d'une poursuite en expropriation, il est tenu de payer toute la dette hypothécaire, tant en capital qu'intérêts et frais; en un mot, il est mis à la place du débiteur. L'article 2151 n'étant applicable qu'aux créanciers entre eux, et le tiers-détenteur étant mis à la place du débiteur, il devra payer tous les intérêts non prescrits qu'on pourrait réclamer du débiteur lui-même. S'il remplit cette obligation, comme ce n'est qu'en sa qualité de détenteur qu'il en est tenu, et que c'est seulement pour conserver la possession de son immeuble, l'article 1251 lui accorde la subrogation légale aux droits des créanciers qu'il a payés, et dans le cas où l'hypothèque de ces créanciers frapperait d'autres immeubles du débiteur, la subrogation légale s'étend même sur ces immeubles.

Le tiers-détenteur peut cependant se mettre à l'abri de ces obliagtions et éviter toute poursuite en remplissant certaines formalités nécessaires pour arriver à la purge des hypothèques. Ces formalités varient suivant qu'il s'agit d'hypothèques sujettes à inscription , d'hypothèques légales inscrites ou d'hypothèques légales non-inscrites.

Purge des hypothèques inscrites. — La loi du 11 brumaire an 7 exigeait, pour que la propriété fût transférée à l'égard des tiers , que l'acte translatif de propriété eût été transcrit au bureau des hypothèques. Ainsi jusqu'à cette transcription le vendeur pouvait hypothéquer l'immeuble vendu. Ce système a été adopté par le Code civil en matière de donation entre vifs et rejeté quant aux actes translatifs de propriété à titre onéreux. Cela résulte de la combinaison des art. 941 , 1583 et 2183 ; pour ces derniers contrats ils purgeaient sous le Code civil de plein droit et sans aucune formalité les hypothèques non-inscrites , au moment de l'aliénation ; mais cet état de choses a été modifié par l'art. 834 du code de procédure , qui accorde aux créanciers non-inscrits lors de l'aliénation, un délai de quinzaine à partir de la transcription. On peut soumettre à la transcription un acte sous seing-privé, puisqu'il transfère la propriété comme un acte authentique. Tout acte translatif de propriété, tels que vente, donation , échange , etc. , est soumis à cette formalité. On doit faire transcrire aussi les ventes volontaires faites en justice , même celles des biens des mineurs ; mais le jugement d'adjudication sur expropriation forcée en est dispensé puisque les créanciers ont été appelés à cette adjudication et qu'ils ont pu veiller à la conservation de leurs droits. — Dans le cas de plusieurs ventes successives , la cour de cassation a décidé que le dernier acquéreur n'était tenu que de faire transcrire son contrat; elle a rejeté l'opinion de ceux qui distinguaient si le dernier contrat fesait ou ne fesait pas mention des précédentes ventes.

Le tiers-détenteur qui veut purger doit le faire dans le délai fixé par l'art. 2183 ; après il serait irrecevable. Pour opérer cette purge il est tenu de faire la notification prescrite par l'art. 2183 ; cet article et le suivant règlent les formalités à observer. Le législateur n'ayant pas prononcé la peine de nullité pour l'inobservation de ces formalités, il faut distinguer entre celles qui sont substantielles et celles qui ne sont qu'accidentelles ; on regarde comme formalité substantielle, la déclaration du prix, etc. Cette notification ne peut être faite que par un individu ayant capacité de s'obliger, ou d'obliger ceux qu'il représente, ainsi le tuteur pourrait faire cette notification puisqu'il ne s'agit ici que de l'aliénation d'un capital mobilier. — Cette notification doit être faite aux créanciers inscrits lors de l'aliénation, et on peut se dispenser de la faire à ceux qui n'ont pris leur inscription que dans la quinzaine de la transcription. Cette notification doit être faite par un huissier commis conformément à l'art. 832 du code de procédure.

L'art. 2185 n'accorde le droit de surenchérir qu'aux créanciers inscrits lors de l'aliénation, mais l'article 835 du code de procédure l'accorde aussi aux créanciers qui ont pris leur inscription dans la quinzaine de la transcription sans fixer le délai dans lequel ces créanciers pourront surenchérir. Pour ne pas faire tomber sur ces créanciers cette lacune de la loi, il faut décider qu'ils jouiront du délai accordé au créancier le plus éloigné. L'art. 2185 détermine le délai et les formes que l'on doit suivre pour faire cette surenchère. Comme c'est une obligation que l'on contracte, il faut être capable de s'obliger ; ainsi la femme mariée aura besoin de l'autorisation de son mari ; pour le tuteur on exige même l'autorisation du conseil de famille, puisque c'est une action immobilière, et que d'après l'art. 464, le tuteur a besoin de cette autorisation pour intenter une pareille action.

Les formes à suivre pour arriver après cette surenchère à la vente des immeubles sont réglées par les articles 836 et suivans du code de procédure. Les arts 2187 et suivans du code civil déterminent les effets de cette adjudication.

Purge des hypothèques légales. — Le tiers-détenteur qui veut se mettre à l'abri des hypothèques légales non inscrites doit déposer une copie collationnée de son contrat translatif de propriété au greffe du tribunal du lieu de la situation des biens. Il doit dénoncer ce dépôt à la femme, au subrogé-tuteur, ainsi qu'au procureur du roi. S'il ne connaît pas les personnes qui ont cette hypothèque légale, il suffira de le notifier au procureur du roi, en ayant soin dans ce cas de faire insérer cette signification dans le journal indiqué par l'art. 683 du code de procédure ; telle est la disposition d'un avis du conseil d'état du 9 mai 1807, approuvé le 1er juillet suivant. Un extrait de l'acte contenant les énonciations prescrites par l'art 2194 doit de plus rester affiché pendant deux mois dans l'auditoire du tribunal, pendant lequel temps les personnes qui ont une hypothèque légale peuvent par elles-mêmes ou par leurs mandataires légaux indiqués par l'art 2194, prendre leur inscription ; ce délai de deux mois est réduit à quinze jours par les art. 16, 17 et 19 de la loi du 7 juillet 1833 , lorsqu'il s'agit de l'expropriation pour cause d'utilité publique, encore n'est-il pas nécessaire dans ce cas de suivre les formalités de l'art. 2194; le délai court du jour de la transcription de la vente consentie à l'administration ou de celle du jugement d'expropriation.

Si dans ces divers délais aucune inscription n'est prise, l'immeuble demeure purgé, cependant les créanciers ayant une hypothèque légale pourront toujours se présenter dans l'ordre, puisque à l'égard des autres créanciers il sont dispensés de prendre inscription , et que rien n'autorise ces créanciers à se prévaloir des droits du tiers-acquéreur qui a purgé. Ce point est néanmoins encore aujourd'hui fort controversé. Il en est de même de la question de savoir si le jugement d'adjudication sur saisie immobilière purge de plein droit les hypothèques légales.

CHAPITRE VII. — *Extinction des priviléges et hypothèques.*

L'art. 2180 contient les différentes causes d'extinction des priviléges et hypothèques. Il suffit de faire quelques observations sur l'extinction par le moyen de la prescription. Relativement au débiteur , la pres_cription de l'hypothèque lui est acquise par la prescription de l'obligation principale; l'hypothèque n'étant qu'un accessoire de l'obligation ne peut pas lui survivre. A l'égard du tiers-détenteur , la prescription lui est acquise par le temps réglé pour la prescription de la propriété à son profit. S'il est de mauvaise foi il ne pourra prescrire que par 30 ans, s'il est de bonne foi il prescrira par 10 et 20 ans qui commenceront à courir du jour de la transcription. Toute la difficulté consiste à savoir quand est-ce qu'il peut y avoir mauvaise foi en matière d'hypothèque. L'inscription ne peut pas être considérée comme une raison suffisante pour constituer l'acquéreur en état de mauvaise foi, parce qu'il y a beaucoup d'acquéreurs qui ne consultent pas les registres des inscriptions; mais si le créancier établissait qu'au moment de la vente l'acquéreur connaissait les hypothèques il ne pourrait prescrire que par 30 ans. Il ne pourrait pas non plus se prévaloir de la prescription de 10 et 20 ans si dans le contrat de vente on l'avait chargé de purger ou si on avait délégué le prix de la vente aux créanciers inscrits ; dans ce cas il serait évidemment constitué en état de mauvaise foi. Les art. 2242 et suivans du code civil relatifs à l'interruption et suspension de la prescription s'appliquent encore ici. L'art. 2180 se contente de dire que les renouvellemens d'inscription ne peuvent pas être considérés comme une cause suffisante d'interruption.

Aux diverses causes d'extinction énumérées dans l'art. 2180 , il faut encore ajouter la perte de la chose hypothéquée; si l'immeuble hypothéqué était une maison qui vînt à être détruite ou incendiée , l'hypothèqne ne pourrait pas porter sur les matériaux , ni sur l'indemnité accordée par la compagnie d'assurance , parce que ces objets étant purement mobiliers ne peuvent avoir de suite par hypothèque.

CODE DE PROCÉDURE.

Liv. 2. Tit. 9. — *Des Exceptions.*

On appelle *exception* les moyens par lesquels le défendeur repousse l'action dirigée contre lui. S'il a pour objet d'écarter l'action pour toujours, de manière à ce qu'elle ne puisse jamais se reproduire, son exception s'appelle *péremptoire; dilatoire*, si sans entrer pour le moment dans l'examen du fonds du procès il se propose seulement d'écarter l'action pour un certain temps; et s'il se borne à contester la compétence du tribunal devant lequel il est cité, l'exception s'appelle *déclinatoire.*

§ I. — *De la Caution à fournir par les étrangers.*

L'étranger demandeur principal ou intervenant est obligé de fournir caution, de payer les frais et dommages qui peuvent résulter de son action. Cette obligation lui a été imposée pour que les individus qu'il actionne devant les tribunaux français ne soient pas exposés à n'avoir aucun recours contre lui, pour les frais qu'ils ont été obligés d'avancer. L'article 166 ne distinguant pas, il faut dire que cette obligation ne lui est pas imposée seulement lorsqu'il plaide contre un français, mais encore lorsqu'il plaide contre un autre étranger. L'art. 166 fait exception à cette règle pour les matières commerciales où la bonne foi est censée toujours présider ; d'ailleurs, cette obligation pourrait entraver les relations commerciales de la France avec les autres nations. On applique ici le principe de réciprocité établi par l'art. 11 du code civil; mais il faut que cette faveur accordée au français en pays étranger, se trouve établie par les traités politiques passés avec la France et non par les lois de l'étranger, car il ne peut pas dépendre d'un gouvernement étranger de se créer des priviléges en France sans le consentement dn gou-

vernement français. On admet encore l'exception autorisée par l'art.
16 du code civil et 167 du code de procédure , lorsque l'étranger
possède en France des immeubles suffisans. — Le tribunal fixe pro-
visoirement , par un jugement, une somme jusqu'à concurrence de
laquelle la caution devra être fournie , et si dans le cours du procès
il s'aperçoit qu'elle est insuffisante , il peut l'augmenter.

§ 2. — *Des Renvois.*

Lorsque le tribunal devant lequel on a porté la contestation , n'est
pas celui qui était désigné par les règles de compétence établies
dans les articles 59 et 60 , mais que , néanmoins , ce tribunal peut
connaître de la nature de la contestation , l'incompétence s'appelle
ratione personæ; et réciproquement , quand même le tribunal serait
celui qui est indiqué par ces articles , s'il ne pouvait pas connaître de
la contestation à cause de sa nature , il serait incompétent *ratione materiæ*. La première espèce d'incompétence ayant été établie dans l'intérêt du défendeur , il peut renoncer au droit de l'exercer; aussi
exige-t-on qu'il la propose avant toute exception autre cependant
que celle de la caution de l'étranger. Mais si la partie néglige de
la présenter , le tribunal n'est pas obligé de juger , il peut , d'office ,
prononcer son incompétence; cela résulte des articles 7 , 169 et 170.
L'incompétence *ratione materiæ* peut être proposée en tout état de
cause , et les tribunaux sont obligés de la prononcer d'office parce
qu'elle tient à l'ordre public, aux dispositions duquel les parties ne
peuvent pas déroger par leur convention.

Le renvoi peut aussi être demandé si l'on a formé précédemment
la même demande devant un autre tribunal, ou s'il y a connexité
entre deux demandes portées devant deux tribunaux différens. Cette
exception doit être formée *in limine litis* , et si elle est rejetée , on peut
se pourvoir par appel du jugement ou par voie de réglement de juges.
Ces demandes en renvoi sont jugées sommairement, et d'après l'art.
450 le tribunal doit surseoir pendant huitaine à prononcer sur le
fond.

§ 3. — *Des Nullités.*

Les nullités d'exploit ou de procédure doivent être proposées avant toute exception autre que celles d'incompétence , autrement la nullité est couverte. La simple constitution d'avoué ne rend pas le défendeur irrecevable à proposer cette exception, puisque pour pouvoir la proposer il est obligé de constituer un avoué.

§ 4. — *Des Exceptions dilatoires.*

·Les exceptions dilatoires varient suivant les cas ; aussi le législateur n'a-t-il parlé que de l'exception du délai et de celle de garantie. L'art. 174 qui parle de la première exception accordée à l'héritier indique quel temps elle dure et quel effet elle produit ; il faut combiner cette disposition avec les articles 793 et suivans du code civil relatifs aux successions.

On entend par *garantie* l'obligation de défendre un tiers dans un procès , ou de l'indemniser des condamnations prononcées contre lui. Si la garantie s'applique à une action personnelle , elle s'appelle garantie *simple* ; *formelle*, si l'action est réelle. On distingue encore la garantie *de fait* et *de droit,* suivant qu'elle résulte de la loi ou de la convention. La demande en garantie peut être intentée par action principale ou par action incidente. Mais il vaut mieux user de la voie incidente parce que si on se défendait mal dans le procès, la garantie pourrait devenir inutile par suite de l'application de l'article 1640 du code civil.

Si l'on appelle en garantie dans le cours d'un procès , il faut appeler le garant en première instance , parce que ce garant ne peut pas être privé des deux degrés de juridiction. Il pourrait donc en cause d'appel faire rejeter l'action intentée contre lui , et alors on n'aurait d'autre ressource que l'action principale. Les articles 175 et suivans fixent le délai dans lequel on doit appeler garant et sous-garant ; il faut se conformer rigoureusement à ces délais. Si tous ces délais ne sont pas échus en même temps, le demandeur originaire ne peut prendre aucun jugement de défaut si on lui a dénoncé l'action en garantie, mais il peut soutenir qu'il n'y a pas lieu à la garantie. La demande en garantie jouit d'une grande faveur, le garant est tenu de procéder devant un tribunal qui peut être incompétent *ratione personæ*. — L'article 182 et suivans déterminent les obligations du garant et du garanti, et la manière d'exécuter contre chacun d'eux le jugement obtenu. Les exceptions dilatoires doivent être proposées avant toute défense au fond, et elles doivent l'être conjointement afin de ne pas traîner le procès en longueur. Quant aux exceptions péremptoires, elles peuvent être proposées en tout état de cause puisqu'elles se rattachent au fond du procès.

Les art. 188 et suivans règlent la marche à suivre pour la communication des pièces.

CODE DE COMMERCE.

Liv. 1, Tit. 3. — *Des Sociétés.*

Nature de la société et ses différentes espèces. — L'art. 1832 du code civil définit la société : un contrat par lequel deux ou plusieurs personnes conviennent de mettre quelque chose en commun dans la vue de partager le bénéfice qui pourra en résulter. Ce contrat est soumis à toutes les conditions essentielles pour la validité des contrats énumérées dans l'article 1108 du code civil.

Il y a deux sortes de sociétés : la société universelle ou de tous biens dont on ne voit plus d'exemple si ce n'est entre époux, et la société particulière qui ne s'applique qu'à des choses déterminées. Parmi les sociétés particulières l'on doit ranger les sociétés de commerce dont on distingue plusieurs espèces.

La société en nom collectif, est celle que contractent deux ou plusieurs personnes et qui a pour objet de faire le commerce sous une raison sociale dans laquelle on ne peut faire entrer que le nom des associés.

La société en commandite est celle qui se contracte entre un ou plusieurs associés responsables et solidaires, et un ou plusieurs associés, simples bailleurs de fonds et que l'on nomme commanditaires. D'où suit que cette société est en nom collectif à l'égard des commandités ; aussi l'art. 25 dispose-t-il, pour éviter toute surprise , que le nom d'un commanditaire ne peut faire partie de la raison sociale. Le capital de la société peut être divisé en actions ; la cour royale de Paris a même jugé, le 7 février 1832 , que ces actions pouvaient être établies sous la forme d'un titre au porteur ; elle s'est basée sur les articles 35 et 38 , et sur ce que cette société était une association de capitaux plutôt qu'une association de personnes.

La société *anonyme* créée pour favoriser les grandes spéculations est désignée par l'objet de son entreprise. Son capital se divise en actions ou en coupons d'actions qui se transmettent suivant les règles établies aux art. 34, 35 et 36.

L'on connaît encore les *associations commerciales en participation* qui ne sont pas formées pour une suite continue d'opérations, mais seulement pour une ou plusieurs opérations déterminées. Cette association s'appelle aussi *compte à demi.*

Comment se prouve le contrat de société ? L'article 1834 relatif aux sociétés civiles , ne fait que reproduire les dispositions de l'art. 1341 ; d'où suit que l'écriture n'est pas une condition essentielle à la validité du contrat, et qu'à défaut de titre écrit on pourrait prouver la convention par témoins au moyen d'un commencement de preuve par écrit. Ce principe reçoit toutefois exception pour les sociétés commerciales ; le législateur exige alors que la convention soit passée par écrit ; Pour les sociétés anonymes, il faut même un acte public tandis que un acte privé suffit pour les autres sociétés. On exige encore l'autorisation du roi pour les sociétés anonymes. Une instruction ministérielle du 22 octobre 1817, règle les formalités à suivre pour obtenir cette autorisation.

3

Les associations en participation peuvent être prouvées par toute espèce de preuve, même par témoin.

Le législateur voulant prévenir toute fraude a soumis les sociétés de commerce à des formalités particulières, il veut qu'on affiche dans l'auditoire du tribunal de commerce un extrait de l'acte de société. Les articles 42 et suivans énumèrent les formalités que l'on doit suivre pour rédiger cet extrait. Un arrêté du gouvernement du 11 février 1814, ordonna l'insertion de cet extrait dans les journaux, mais cet arrêté ayant été déclaré inconstitutionnel a été remplacé par la loi du 31 mars 1833 qui exige cette insertion. L'inobservation de ces formalités ne peut être opposée que par les associés entr'eux et nullement aux tiers qui ont traité avec les associés.

Engagemens des associés entr'eux. Les art. 1843 et suivans du Code civil règlent le jour où commence la société, le temps de sa durée et les obligations des associés relativement aux apports qu'ils ont promis, et à la fixation des parts. .

Ordinairement l'on désigne dans le contrat de société, les associés chargés de l'administration et l'étendue de leurs pouvoirs; dans ce cas, il faut suivre les conventions des parties. Si les parties n'ont rien stipulé, chaque associé est censé avoir le droit d'administration et sa capacité est réglée par l'art. 1859 du Code civil. Ces principes s'appliquent à la société en nom collectif. Dans les sociétés en commandite, les commanditaires ne peuvent faire le moindre acte d'administration sous peine d'être considérés comme associés solidaires.

La société anonyme est administrée par des mandataires révocables qui ne contractent aucune obligation à raison de leur gestion relativement aux tiers.

Engagemens des associés à l'égard des tiers. Dans les sociétés civiles, chaque associé est tenu des dettes de la société pour sa part seulement; il en est autrement dans les sociétés de commerce. Ainsi dans les sociétés en nom collectif, les associés sont solidaires, mais il faut pour cela que l'obligation ait été contractée par un administrateur de la société désigné à cet effet. A défaut de cette convention, chaque associé peut signer les engagemens de la société de la raison sociale et il engage par là les autres associés. Dans les sociétés en commandite, le commanditaire ne perd que ce qu'il a apporté dans la société. Dans les sociétés anonymes, chaque associé n'est tenu que pour l'intérêt qu'il a dans la société. — Dans les sociétés en participation, les associés ne sont pas solidaires à moins qu'ils n'aient traité conjointement avec les tiers.

Contestation entre associés. Les contestations entre les membres d'une société civile sont portées devant les tribunaux ordinaires, mais le législateur désirant épargner aux tribunaux de commerce une foule de difficultés de détail, a voulu que les contestations qui pourraient s'élever entre les membres des sociétés commerciales fussent portées devant des arbitres; cela s'applique même aux associations en participation. Pour fixer la compétence des arbitres, il faut distinguer si la contestation porte sur l'existence ou sur l'exécution du contrat de société. Dans le premier cas, c'est le tribunal de commerce qui doit en connaître; dans le second, la contestation doit être portée devant les arbitres.

Les art. 53 et 55 règlent la nomination des arbitres. Si une seule partie refuse de nommer son arbitre, le tribunal ne doit pas nommer tous les arbitres, mais seulement celui de la partie qui refuse; autrement il dépendrait du caprice d'une partie d'empêcher son adversaire d'user d'un droit que lui accorde la loi. Le délai dans lequel les arbitres doivent juger est fixé par les parties ou par le tribunal, et si ce délai n'est pas suffisant on peut obtenir une prorogation. Les art. 56 et suivans règlent les formalités à suivre devant les arbitres et la manière dont leur jugement est rendu exécutoire. Leur jugement est sujet à appel à moins que les parties n'y aient renoncé, mais pour renoncer à cette voie, il faut être maître de ses droits; aussi le tuteur ne peut pas y renoncer. On a jugé que l'art. 52 était limitatif et que le jugement arbitral n'était pas soumis à la requête civile ni à l'action en nullité autorisée par l'art. 1028 du Code de procédure.

Si on avait donné aux arbitres le droit de juger comme amiables compositeurs, ce ne serait plus les dispositions du Code de commerce qu'il faudrait appliquer, mais bien celles du Code de procédure, puisqu'ils sont alors de véritables arbitres volontaires.

De la dissolution de la société.

Les art. 1865 et suivans énumèrent les diverses causes de dissolution de la société. Il faut observer que relativement aux sociétés de commerce, la dissolution doit être rendue publique conformément à l'art. 42 du Code de commerce. Cette dissolution a pour effet de nécessiter le partage de l'actif de la société, et l'on suit pour ce partage les règles tracées au titre des successions.

Cette thèse sera soutenue le 1er août 1835, à 10 heures du matin.

Vu par le Président de la Thèse,

MALPEL.

Toulouse. — Imprimerie de MARIE ESCUDIER, rue St-Rome, no 26.

www.ingramcontent.com/pod-product-compliance
Ingram Content Group UK Ltd.
Pitfield, Milton Keynes, MK11 3LW, UK
UKHW022246070726
13613UKWH00005B/2145